Introducción

Este libro surge de una necesidad personal.

En todos los hogares a diario se escucha la pregunta: ¿qué comemos hoy? Miramos la heladera y la alacena y, por arte de magia, se nos vienen a la cabeza opciones pero, ¿qué pasa cuando debemos cocinar para una persona celíaca? Claramente la primera pregunta se complica un poco más.

Como ya sabemos, las personas celíacas son aquellas que no pueden comer alimentos que provengan del trigo, la avena, el centeno y la cebada. Las primeras letras de estos cuatro alimentos forman una sigla bien conocida por todos los celíacos: "T.A.C.C.".

Cada hogar tiene historias muy diferentes entre sí, algunas familias son muy pequeñas, otras muy grandes, están aquellas en las que conviven integrantes que se están conociendo, y puedo seguir enumerando una infinidad de ejemplos.

A mí me tocó conocer a un adolescente que, entre muchas características que llamaban mi atención, poseía una que encerraba un desafío: es celíaco.

Había escuchado de aquella condición ya que mi tía también padece este trastorno, pero no estaba involucrada porque ella vive en el exterior.

Regreso a aquel chico que para mí representaba un reto, cuando lo conocí su padre me comentó que la alimentación era un tema tabú, y que en el único lugar en el que se sentía realmente cómodo para comer era en su casa, allí la persona que cocina conoce qué alimentos puede comer, cuáles no y, fundamentalmente, cuáles son los que más le gustan.

La primera vez que vino a mi hogar a cenar pensé detenidamente platos que no tenían harinas o ingredientes con T.A.C.C. Busqué en mi cabeza y lo primero que pensé era que "todo tenía T.A.C.C.".

Recurrí a las recetas más sencillas, recordé aquellos platos "maternales" y los adapté al paladar de hoy. Esa noche le propuse un plato que hubiera hecho mi madre un día cualquiera.

El resultado fue una cena amena, distendida y con los platos vacíos.

El veredicto fue unánime, el adolescente contento y con la panza llena ¡Un éxito!

Algunas consideraciones

Después de conversar con personas celíacas, con sus familiares y con una nutricionista, llegué a la conclusión de que en el día a día la celiaquía no se vive como una enfermedad sino como una condición crónica. El hecho de no comer alimentos con T.A.C.C. apunta a la mejora de la calidad de vida, tanto a corto plazo como a futuro.

Los celíacos deben convivir con su condición naturalmente, sin que sea una mochila o un impedimento a la hora de realizar las actividades cotidianas.

¿Qué dicen los celíacos de su condición?

- "Mi marido se ocupa de leer detenidamente las etiquetas de los productos para asegurarse que no tengan T.A.C.C.".
- "Me siento reconfortado cuando, al llegar a un lugar donde vamos a comer, preguntan previamente si hay alguien celíaco o diabético, así me siento tenido en cuenta".
- "Uno de cada 100 argentinos es celíaco".
- "Hace unos años, cuando salía a comer con amigos no hablaba sobre mi condición y consumía alimentos con gluten, me ganaba la vergüenza...".
- "La abuela de mi hijo recurrió a grupos de acompañamiento para familiares de celíacos, nos ayudó mucho para organizarnos mejor en casa".
- "Cuando me enteré de que era celíaca sentí que una parte de mi vida se terminaba, con el tiempo me di cuenta de que el cambio de alimentación mejoró mi vida completamente".
- "Es fundamental que en los kioscos de las escuelas haya alimentos sin T.A.C.C.".

Ingredientes que no deben faltar en la alacena

Como sabemos, hay ingredientes que nos ayudan a realizar recetas básicas y que lamentablemente no vamos a encontrar -por ahora- en el supermercadito de la esquina de nuestras casas. Por eso, a continuación te voy a comentar qué productos siempre tengo en mi alacena.

- Harina de mandioca – Harina de arroz – Almidón de maíz. Serán tus aliados para preparar el reemplazo de la harina de trigo. ¡Que nunca falten en casa! Combinadas forman la premezcla para muchísimas preparaciones.

- Polvo de hornear.

- Pastas sin gluten.

- Arroz de diversas clases, por ejemplo, arroz integral, yamaní, o los que encuentres en el negocio donde comprás siempre, usar distintas clases renueva el sabor de tus platos.

- Galletitas de vainilla comunes. Ahora vienen en paquetes grandes y económicos, a veces en casa se aburren del sabor, pero las podemos usar para preparar postres o meriendas.

- Frutas secas, disecadas y chocolate amargo. Estos ingredientes servirán como complemento para darle rico sabor a nuestras propuestas, no es necesario comprar en cantidad, un puñadito de cada una mejora los muffins, budines y demás preparaciones.

- Copos de cereales.

- Rebozador.

- Hierbas aromáticas.

Utensilios que facilitan la tarea de cocinar cotidianamente

Si bien los siguientes utensilios no son excluyentes para cocinar, serán tus aliados a la hora de preparar determinados platos.

Los cajones de las cocinas de abuelas, tías y madres tienen incontables tesoros, muchos de ellos están en desuso. Además, en los bazares encontramos (no siempre a precios tan elevados) buenas opciones de utensilios, recordemos un interesante dicho que puede ser aplicado a la hora de comprar: "No todo lo que brilla es oro", hay que priorizar la calidad y el uso que se le piensa dar a lo largo del tiempo.

- **Mandolina:** este objeto cortante hará que la ardua tarea de rebanar las verduras y frutas sea sencillo, rápido y prolijo. Para lavarla simplemente se coloca debajo de la canilla abierta, eso sí, es conveniente asegurarse de que sea simple, sin muchos accesorios. En este caso, menos es más.

- **Panquequera:** si bien esta sartén es específica para realizar panqueques, resulta muy útil. Al ser del tamaño estándar de los panqueques y de teflón, el resultado exitoso es casi inevitable.

- **Tuppers:** si bien en todas las cocinas hay un espacio con una gran cantidad de recipientes plásticos, es fundamental tenerlos ordenados y a mano. Su uso es imprescindible para evitar la contaminación cruzada.

- **Batidora eléctrica y batidor de alambre:** un clásico y su versión moderna conviviendo en tu cocina. La batidora eléctrica más simple del mercado permite ahorrar tiempo y energía. El batidor de alambre es un utensilio fundamental para evitar los grumos en las preparaciones.

- **Tamizador:** a diario realizamos preparaciones utilizando diversas harinas, es muy útil tener a mano un colador metálico de tejido pequeño que cumplirá con la función del tamizador.

- **Fuente de vidrio apta para el horno:** en otras épocas era de uso cotidiano, hoy quizás fue reemplazada por fuentes de otros materiales, sin embargo el vidrio es un excelente socio del horno.

- **Un buen cuchillo:** ni muy caro ni muy barato, tener un cuchillo efectivo es el secreto del éxito. Guardarlo en un lugar de la cocina especial para que solo sea usado a conciencia.

- **Un bol:** los hay de todos los materiales, tamaños y formas. Tener uno que cumpla con nuestras necesidades según la cantidad de comensales cotidianos es clave. Yo tengo uno de aluminio con base de goma para que no se patine en la mesada al batir.

Los utensilios que mencioné arriba son algunos ejemplos de los miles que existen en el mercado, todo ellos buscan "economizar" tiempo y energía a la hora de cocinar, sin embargo es importante que se evalúe cuáles son necesarios, considerando el tipo de platos que se realiza cotidianamente. La idea no es comprar por comprar y llenar la cocina de objetos inertes.

Contaminación cruzada

Es muy importante que tengamos en cuenta este ítem a la hora de organizar e higienizar nuestras cocinas.

A partir de que recibimos la noticia de que somos celíacos o de que convivimos con alguien que posee esta condición, todos los alimentos que tengan gluten deben ser totalmente eliminados del menú.

El día a día es exigente y, muchas veces, cocinamos varios platos a la vez atendiendo las necesidades de todos los que convivimos bajo un mismo techo, por eso es imprescindible que al manipular los alimentos se utilicen utensilios exclusivamente para los ingredientes sin T.A.C.C.

También un buen método para evitar la contaminación cruzada es que, al cocinar frituras, por ejemplo, el aceite que se utilice primero debe ser para los alimentos sin gluten.

Si se va a amasar, la mesada debe estar bien limpia, al igual que los recipientes donde colocaremos alimentos sin T.A.C.C.

Por último, pero no por eso menos importante, nuestras manos deben estar limpias a la hora de cocinar, ya que corremos el riesgo de que queden restos de derivados del gluten si tuvimos contacto con ellos.

A continuación encontrarán una serie de recetas y menúes semanales. La idea es que este libro permanezca en la mesada de la cocina y sea material de consulta cuando no se nos ocurre qué cocinar.

Desayunos y **meriendas**

En la siguiente sección les presento una serie de recetas que podrán realizar luego de cenar, tal vez mientras lavan los platos, es una buena opción cocinar algo para desayunar o merendar al otro día. Si somos realistas, esta práctica no se puede llevar a cabo todas las noches, pero algunas veces por semana cuando terminamos los quehaceres temprano, podemos intentarlo. Además al hacer estas recetas evitamos el excesivo consumo de galletitas y productos que poseen altos niveles de conservantes. Prueben, pueden llegar a sorprenderse.

Bizcochuelo de vainilla

Ingredientes

4 huevos - 90 g de premezcla - 100 g de azúcar - Un chorrito de esencia de vainilla - Ralladura de limón o naranja - 2 cucharaditas de polvo para hornear sin T.A.C.C.

Preparación

Lo primero que tienen que hacer antes de comenzar a cocinar el bizcochuelo es sacar los huevos de la heladera, prender el horno, enmantecar y enharinar el molde con la premezcla.

Una vez que hicieron esto, en un bol mezclen los huevos, el azúcar y la ralladura. Usen la batidora a máxima velocidad hasta que la mezcla llegue al punto letra (al tomarla con un tenedor se puede realizar un dibujo). Este punto no se logra sin, por lo menos, 5 minutos de batido.

Ya realizado este paso, ir agregando la premezcla tamizada y con el polvo de hornear incluido al bol, unir los ingredientes con movimientos envolventes muy medidos y pocos, la idea es que no se baje la preparación. Colocarla en el molde y llevar al horno, a temperatura media.

Recuerden no abrir el horno hasta, por lo menos, 35 minutos de cocción. Si días atrás hicieron mermelada no se olviden de aprovecharla para rellenar el bizcochuelo.

Torta de zanahorias

Ingredientes

300 g de zanahorias - Almendras tostadas, a gusto - 250 g de azúcar - 80 g de premezcla - 4 huevos - 1 cucharadita de polvo de hornear - 25 g de manteca - 1 pizca de sal.

Preparación

El primer paso antes de realizar una torta o tarta, es enmantecar y enharinar con premezcla el molde que se va a usar. Hecho esto, pelen, laven, sequen bien y rallen las zanahorias.

Por otro lado, batir muy bien las yemas con el azúcar, les tiene que quedar un preparado tirando a blanquecino y espumoso, añadir las zanahorias ralladas y, a cucharadas, la harina tamizada junto al polvo de hornear.

Picar las almendras, agregarlas y unir toda la preparación.

En otro bol batir las claras a nieve, junten ambas preparaciones realizando movimientos envolventes hasta que quede una sola. Esto hay hacerlo de tal forma que no se baje la preparación.

Coloquen en el molde y lleven al horno durante 50 minutos a temperatura media.

Pueden untarle crema batida o realizar alguna decoración con ella, o servir las porciones directamente con un copito de crema y un rico café.

Torta de maicena

Ingredientes

250 g de maicena - 250 g de azúcar - 200 g de manteca - 3 huevos - 60 g de premezcla.

Preparación

Enmantecar y enharinar con premezcla el molde, si es de los que tienen bisagras, mejor.

En un bol mezclar la manteca a temperatura ambiente con el azúcar hasta que se forme una crema, añadir poco a poco la maicena y la harina tamizadas. Vayan alternándolas con los huevos.

Una vez que la preparación está bien unida, llevarla al molde y cocinar en el horno durante 50 minutos aproximadamente.

Es complicado desmoldar esta torta, es más, les confieso que es lo único dificultoso que presenta, asi que háganlo muy cuidadosamente y crucen los dedos. Igualmente, es tan deliciosa que vale la pena el riesgo.

Chocotorta

Ingredientes

2 paquetes de galletitas de chocolate sin T.A.C.C. - 1 pote de dulce de leche - 1 pote de queso crema - 2 cucharaditas de café.

Preparación

En un bol colocar el pote de dulce de leche y el de queso crema, unirlos de tal forma que queden de un color uniforme.

En una fuente baja, preparar el café y mojar las galletitas, asegúrense de que queden bien húmedas.

Colocar en una fuente de vidrio un piso de las galletitas humedecidas, luego un piso de la preparación de dulce y queso, e ir intercalando galletitas y la mezcla de dulce y queso hasta llegar al tope de la fuente.

Al finalizar, pueden decorar con crema batida, o con chocolate amargo sin T.A.C.C.

Les aconsejo que hagan esta torta la noche anterior a comerla, ¡queda más rica al otro día!

Muffins

Ingredientes

255 g de premezcla - 3 cucharaditas de polvo de hornear sin T.A.C.C. - 110 g de azúcar - Un chorrito de esencia de vainilla - 1 huevo - 240 ml de leche - 50 g de manteca derretida.

Preparación

Para comenzar, prender el horno a temperatura media.

Tomar dos bols, en el primero unir los ingredientes secos, es decir el azúcar, la premezcla y el polvo de hornear, los dos últimos tamizados. En el otro, el huevo, la leche, la esencia de vainilla y la manteca derretida, tiene que quedar una preparación bien uniforme y cremosa. Añadir los ingredientes secos a los húmedos haciendo pocos movimientos, no tiene que quedar una preparación cremosa sino más bien, grumosa.

Colocar en los moldes, llevarlos al horno y en 20 minutos están listos.

Si quieren agregarles frutos secos o pedacitos de chocolate sin T.A.C.C., añádanlos al bol de ingredientes secos y luego continuar con el procedimiento descripto. Yo uso moldecitos de silicona, son muy prácticos, pero también se pueden comprar por un precio accesible pirotines de papel. Cualquiera sea la elección, ténganlos siempre a mano, es una receta para hacer una vez por semana y van a estar todos contentos.

Mermeladas caseras

Ingredientes

1 kg de ciruelas/duraznos/frutillas - 500 g de azúcar - Jugo de medio limón - Frascos de vidrio.

Preparación

Lavamos bien la fruta elegida, la cortamos al medio y le quitamos el carozo en el caso de que lo tenga.

Colocamos en un bol la fruta con el azúcar y el jugo de limón y dejamos reposar en la heladera durante toda la noche.

Al día siguiente, vertemos la fruta macerada en una olla y la cocinamos a fuego medio hasta que hierva la preparación y veamos que la fruta se abrillantó y que se observa el fondo de la olla.

Apagar el fuego y pasar la mermelada a los frascos, recordar apoyarlos en la mesada sobre un repasador, taparlos y colocarlos boca abajo. Una vez fríos llevarlos a la heladera.

Recuerden que los frascos deben estar esterilizados, para esto tienen que hervirlos al igual que sus respectivas tapas. Luego de colocar la mermelada en los frascos y taparlos, los damos vuelta para que se sellen y se conserven más tiempo. Aprovechen de hacer mermeladas con las frutas de estación que estén maduritas y a buen precio.

Pionono

Ingredientes

3 huevos - 3 cucharadas de azúcar - 3 cucharadas de premezcla - 1 chorrito de esencia de vainilla - 1 cucharadita de polvo leudante sin T.A.C.C. - 1 cucharadita de glicerina.

Preparación

En un bol unir las yemas con el azúcar, la esencia de vainilla y la glicerina, batir hasta obtener una mezcla de color uniforme y espumosa.

Incorporar la premezcla y el polvo de hornear tamizados. Si justo ese día no se tiene premezcla, pueden reemplazarla por maicena.

En otro bol batir las claras a nieve. Incorporalas a la preparación con movimientos suaves para que no se baje.

Preparar una asadera con papel manteca, pueden enmantecarlo y enharinarlo con premezcla para que sea más fácil despegarlo. Colocar la preparación esparciéndola por todo el papel y llevar al horno aproximadamente por 6 minutos.

La glicerina la pueden comprar en las dietéticas, se usa para que la masa quede elástica y no tan seca. El pionono se puede rellenar con dulce de leche o mermeladas, también se puede agregar alguna fruta de estación. Si lo quieren hacer con un relleno salado, pueden hacerlo con jamón, queso, tomate, lechuga, zanahoria rallada o atún y, para que no quede seco, se lo unta con mayonesa, queso crema, o con una mezcla de ambos.

Tarta dulce

Ingredientes

500 g de galletitas de vainilla sin T.A.C.C. - 40 g de manteca - 500 g de ricota - 100 g de azúcar - 3 huevos - 1 chorrito de esencia de vainilla - 2 cucharaditas de maicena - 3 cucharadas generosas de mermelada de frutilla - 3 cucharadas de agua.

Preparación

Para comenzar tienen que triturar las galletitas, luego deben unirlas con la manteca de tal forma que se obtenga una preparación uniforme. Colocar esta mezcla en un molde con bisagra cubriendo todo el fondo.

En un bol mezclá la ricota, la esencia de vainilla, el azúcar, los huevos previamente batidos y la maicena. Volcar esta preparación sobre la base de galletitas y cocinar en un horno medio durante 25 minutos o hasta que observen que la preparación está bien cocida. Desmoldar y esparcir sobre su superficie la mermelada.

Para que quede más suave, si utilizan mermelada comprada, colóquenla en un jarrito con unas cucharadas de agua y revuelvan hasta que la preparación tome una consistencia más líquida.

Esta receta es ideal para los chicos de la casa, ahora podemos conseguir paquetes grandes y más económicos de galletitas de vainilla comunes, el problema es que a veces la oferta es tan chica que los sabores aburren, con esta preparación le damos una vuelta de tuerca.

Pan de molde sencillo

Ingredientes

250 ml de leche - 250 g de premezcla - 1 cucharada de polvo leudante - 1 cucharada de sal - 1 pizca de azúcar - 25 g de levadura.

Preparación

En un pocillo, unir la levadura con la pizca de azúcar, agregar un chorrito de leche tibia y mezclar todo. Dejar reposar para que la levadura actúe y tome consistencia espumosa.

En un bol grande colocar la premezcla tamizada junto al polvo de hornear y la sal. Verter la leche tibia y la preparación de la levadura.

Mezclar bien y llevar a un molde tipo budín inglés enmantecado y enharinado. Hornear a temperatura media 40 min o hasta que esté voluminoso y dorado.

Esta receta de pan es sencilla y rápida, una excelente opción para tener siempre este fiel producto a mano. Se le pueden añadir semillas, el momento de hacerlo es junto a los ingredientes secos, al igual que a los muffins.

Panqueques de frutas/ dulce de leche/mermeladas

Ingredientes

Leche, cantidad necesaria - 2 huevos - Premezcla, cantidad necesaria.

Preparación

En un bol batir muy bien los huevos, agregar un chorro de leche, tamizar la premezcla y comenzar a mezclarla con los huevos y la leche. Unir los tres ingredientes enérgicamente de tal forma que la preparación no quede ni muy liquída ni muy espesa. Si es necesario, agregar leche o premezcla.

Si tienen una panquequera, hidratarla con un chorrito de aceite, esparcirlo con una servilleta, evitando que quede mojada.

Con un cucharón volcar una pequeña porción de la preparación y distribuirla por toda la sartén. Cocinar a fuego medio, cuando observen que comienza a despegarse, quiere decir que ya está listo el panqueque de ese lado y que se puede dar vuelta despegando los bordes lentamente.

Cocinar unos instantes hasta que se despegue totalmente. Eso quiere decir que ya está cocido completamente.

La práctica hace al maestro... en este caso, digamos que mientras más panqueques hagan, mejores les saldrán, rápidamente llamarán a los gritos para que los vean cuando los dan vuelta con una sola mano. Luego, sólo resta rellenarlos con lo que queramos.

Guarniciones

Una adecuada guarnición será garantía de éxito con cualquier acompañamiento, incluso algunas de ellas se pueden presentar como plato único. El secreto es combinarlas adecuadamente y elegirlas en base a los productos que tengamos, una buena espinaca es la llave correcta para introducir vegetales a la dieta familiar. Papines vistosos harán que nuestros comensales quieran repetir. Creo que para lograr buenas guarniciones hay que volver al ritual de recorrer los negocios del barrio en busca del mejor precio y calidad.

Papas cuña

Ingredientes

1 kg de papas medianas - Aceite de oliva, a gusto - Ajo y perejil picados, a gusto - Orégano, a gusto. Papel aluminio.

Preparación

Precalentar el horno a temperatura media durante 10 minutos.

Lavar con un cepillito las papas, cortarlas en cuatro de forma vertical, debemos asegurarnos de que no queden ni muy gruesas ni muy finitas.

Forrar la fuente con papel aluminio, colocar las papas, agregarles un chorrito de aceite de oliva, sal y los condimentos elegidos.

Cocinar 20 minutos aproximadamente en un horno con fuego de medio a fuerte. Los últimos 2 minutos colocar la fuente en la parte inferior del horno para que obtengan el último golpe de calor y se doren completamente. Ojo que esa parte está muy caliente y, si no estamos atentos, se puede quemar lo que ubiquemos allí.

Los condimentos que se le agreguen variarán según el gusto de los comensales, podemos condimentar las papas solo con un poco de sal, pimienta y aceite de oliva, o podemos preparar una provenzal fresca picando muy chiquitito perejil y ajo, o espolvorearlas con orégano.

Coliflor gratinada

Ingredientes

2 ramilletes de coliflor - 75 g de manteca - 3 cucharadas de premezcla - Queso gruyere rallado, a gusto - 200 ml de leche - Sal y pimienta.

Preparación

Precalentar el horno mientras ponemos a hervir el coliflor previamente bien lavado. La cocción no debe superar los 10 minutos o hasta que esté tierno. No hervir durante más tiempo porque se va a desarmar y, posteriormente, debemos llevarlo al horno.

Mientras tanto, en una jarrita o pequeña sartén, derretir la manteca y agregarle las cucharadas de premezcla. Debemos batir con batidor de alambre para que ambos ingredientes se unan. Una vez que se formó una pasta, añadir la leche hasta obtener una salsa. Ojo, no dejar de batir, ya que así evitamos los grumos. Salpimentar e incorporar un puñado de queso gruyere rallado. Cuando nuestra salsa esté bien unificada, apagamos el fuego y dejamos de batir.

En una fuente de vidrio colocamos unas cucharadas de la salsa, luego ubicamos el coliflor bien escurrido y lo cubrimos totalmente con el resto de la salsa. Finalmente le esparcimos el resto del queso generosamente, y llevamos al horno 15 minutos aproximadamente o hasta que esté bien dorada la preparación.

A la hora de hervir coliflor, le coloco un chorrito de vinagre o una rodaja de limón, para evitar su fuerte olor. ¡Que no haya excusas para no comer coliflor!

Mousse de vegetales

Ingredientes

1 paquete de remolachas - 4 zanahorias medianas - 1 diente de ajo - Queso crema, a gusto - Sal.

Preparación

Cocinar al vapor ambas verduras por separado, una vez que estén cocidas (lo sabremos al pincharlas con un tenedor y que se noten tiernitas) las dejamos enfriar un poco. Recomiendo cocinar al vapor los vegetales para que sea una receta bien nutritiva. En el caso de que no tengan vaporera, pueden usar un colador que tenga la misma medida que la olla, de tal forma que al poner uno encima del otro el colador quede sostenido en el aire. Ubicar allí los vegetales separados y, en el fondo de la olla, un poco de agua asegurándonos que no toque el colador. Debemos controlar que no se evapore completamente el agua y cerciorarnos de que quede bien tapado el colador.

Procesamos las verduras junto al diente de ajo, una pizca de sal y unas cucharadas de queso crema. La cantidad de este último variará según el gusto de la familia, mientras más usemos, más suave será la preparación. Procesar hasta que los ingredientes se observen cremosos y homogéneos.

Esta mousse se puede preparar utilizando remolachas o zanahorias únicamente, en vez de combinarlas. El ajo invade bastante los sabores, así que la cantidad que utilicen dependerá del gusto de los comensales, con medio diente de ajo se obtiene un sabor pronunciado pero no tan fuerte.

Mix de vegetales

Ingredientes

1 zanahoria - 1 zucchini o 1 zapallito - 1 cebolla - 1 morrón rojo o amarillo - 1 diente de ajo - 200 g de chauchas - Aceite de oliva, a gusto - Sal y pimienta.

Preparación

Comenzamos cocinando al vapor las chauchas.

Cortamos el resto de los vegetales en finas láminas y precalentamos una sartén hidratada con un chorrito de aceite de oliva. Agregar los vegetales y cocinar por 15 minutos. Es muy importante condimentar bien y añadir, si tenemos, un poco de caldo de verduras.

Durante la cocción, revolver la preparación para que las verduras no se peguen ni se quemen. Al final de la cocción, incorporar las chauchas. Mezclar, apagar el fuego y servir. Se puede acompañar con un pocillo de arroz o milanesas, bifes, pechuga de pollo grillada o lo que tengan a mano en la heladera. También es muy rico si queremos una comida completamente vegetariana.

Para que los vegetales no pierdan sus nutrientes ni sus sabores, retirarlos del fuego cuando estén tiernos, no dejarlos de más porque se desarmarán y su sabor se perderá.
Si poseen una mandolina será su mejor aliado para este plato, rápidamente tendrán todo cortado y muy prolijo, esto último beneficiará su cocción.

Croquetas naranjas

Ingredientes

2 zanahorias - 1 cebolla - 2 huevos - 3 cucharadas de premezcla - Sal y pimienta - Aceite de oliva - ½ diente de ajo.

Preparación

Saltear en un poco de aciete de oliva la cebolla y el ajo bien picados junto a las zanahorias, previamente ralladas. Cuando la cebolla esté transparente, retirar del fuego.

Unir la preparación con los huevos bien batidos, las cucharadas de premezcla y salpimentar.

Hidratar una sartén con aceite de oliva y cocinar la preparación de un lado y del otro, formando discos del tamaño de la palma de la mano. Una vez que estén dorados de ambos lados retirar y servir. Se pueden comer tibios, fríos o calientes.

Tener este tipo de guarnición en la heladera nos evitará, en el momento del "picoteo", comer alimentos poco nutritivos.

Ensalada de espinaca fresca

Ingredientes

2 paltas - 1 paquete de espinaca - 3 tomates - Aceite de oliva, a gusto - 1 limón - Sal.

Preparación

Lavamos muy bien la espinaca y le cortamos los cabitos al ras.

Cortamos los tomates en cuartos al igual que las paltas. Si no es época de palta o está muy cara preparen esta ensalada sin ella, la espinaca cruda es muy rica y la usamos poco de esta forma.

En una ensaladera colocamos los tres ingredientes, exprimimos el limón entero y lo agregamos a la preparación, salpimentamos y vertemos un chorrito de aceite de oliva.

Para que sus ensaladas queden bien condimentadas sin abusar de la pimienta y la sal, colocar primero el jugo de limón y/o vinagre, luego la sal y/o pimienta y, por último, el aceite, este secretito me lo dijo una amiga estudiante del profesorado de química y enemiga de la cocina: si el aceite se coloca primero impide que la sal y la pimienta tomen contacto con los alimentos, ya que el óleo funciona como aislante, dada su consistencia.

Acelgas con queso y salsa natural

Ingredientes

1 kg de acelgas - 50 g de queso rallado - 25 g de manteca - 1 cebolla - 1 zanahoria - 3 tomates maduros - Sal - Nuez moscada, a gusto.

Preparación

Para comenzar, lavamos bien las acelgas y ponemos a hervir agua con sal en una olla de buen tamaño. Una vez que rompió el hervor agregamos las pencas cortadas en cuadrados, previamente habiéndoles retirado los hilos. Pasados 10 minutos, colocar en la olla las hojas de las acelgas. Cocinamos entre 5 y 10 minutos y sacamos la olla del fuego y escurrimos las acelgas. En una sartén las salteamos con la manteca y el queso rallado, mezclando bien.

Mientras tanto, sumergimos en agua hirviendo durante unos minutos los tomates bien lavados y con un corte en forma de cruz en cada extremo. De esta forma los pelaremos rápidamente. Salteamos la cebolla y la zanahoria picadas bien finitas con un cubito de manteca, y una vez que están cocidas, añadimos los tomates cortados en cubitos bien pequeños y cocinamos hasta lograr una salsa.

Tomamos una fuente, colocamos la acelga y la cubrimos con la salsa preparada.

Esta receta es muy sabrosa, ideal para noches frescas. También, acompaña muy bien las carnes rojas.

Pastel vegetariano

Ingredientes

1 calabaza - 2 choclos - 1 cebolla - 1 diente de ajo - 3 huevos - 300 g de quesos parmesano y gruyere, rallados - Sal y pimienta.

Preparación

Ponemos a hervir los dos choclos hasta que los granos estén tiernos. Hacemos lo mismo con la calabaza. Una vez cocida, la pisamos hasta que quede un puré bien cremoso, sin grumos. En una sartén salteamos, con una gotita de aceite de oliva, la cebolla picada chiquita con el diente de ajo, también picado. Cocinamos hasta que estén transparentes.

Separamos las claras de las yemas y batimos las primeras hasta punto nieve. Mientras tanto mezclamos el puré con las yemas, los quesos rallados, la cebolla y el ajo, los granos de los choclos y, finalmente, salpimentamos.

Por último, agregamos las claras realizando medidos movimientos envolventes para que no se bajen.

Colocamos la preparación en una fuente y llevamos al horno 15 minutos o hasta que veamos la superficie dorada.

Si tienen una fuente de vidrio o de barro para preparar este pastel, mucho mejor, se puede llevar a la mesa directamente esparciendo encima láminas de queso.

Tortilla de papa

Ingredientes

1 kg de papas - 3 huevos - 1 cebolla - Sal y pimienta - Aceite, cantidad necesaria.

Preparación

Lavamos y pelamos las papas, las cortamos en cubitos pequeños y llevamos al horno de 15 a 20 minutos. Retiramos una vez que las observamos doraditas.

En un bol batimos muy bien los huevos, salpimentamos y les incorporamos la cebolla cortada bien finita. Por último, añadimos las papas cocidas tibias.

Hidratamos una sartén con un poco de aceite y colocamos la preparación. Vamos despegando los bordes a medida que se va cocinando, así no se dificulta darla vuelta. Cuando observamos que está cocida de un lado, con la ayuda de un plato más grande que la sartén, la damos vuelta. Al cabo de 5 minutos o cuando esté dorada de ambos lados, retiramos del fuego y servimos.

Podemos incorporarle, junto a la cebolla, chorizo seco colorado, así se convierte en "a la española". Esta receta la he hecho hasta con una sartén de aluminio, no siempre es imprescindible usar una de teflón. Eso sí, realizarla con paciencia y con amor, (parece el secreto del éxito del matrimonio, pero también es el secreto de la preparación de una deliciosa tortilla.)

Papines a la provenzal

Ingredientes

1 kg de papines - Perejil, a gusto - 1 diente de ajo - Aceite de oliva, a gusto - Sal y pimienta

Preparación

Limpiamos muy bien los papines ayudándonos con un cepillito. Los cortamos al medio o en tres, según el tamaño y picamos bien chiquito el ajo y el perejil.

Precalentamos una sartén, hidratamos con un chorrito generoso de aceite de oliva e incorporamos los papines y la provenzal. Salpimentamos y movemos la preparación. Cuando estén bien dorados y tiernos los retiramos del fuego y servimos en una fuente.

En las verdulerías de barrio también podemos encontrar papines, incluso a buen precio. No olvidemos preguntarle a nuestro verdulero amigo.

Platos **principales**

Caballitos de batalla, los que van con todo si le cambiamos la guarnición, esos que cuando vemos la cara de los comensales ya sabemos que son sus preferidos. Los platos principales son aquellas comidas que tienen entidad propia. Nuestra astucia para combinarlos y para modificarlos según el gusto de la familia, será retribuida por aplausos y piropos en el hogar.

Milas sabrosas

Ingredientes

1 kg de milanesas de carne o pollo - Rebozador, cantidad necesaria - 2 huevos - 1 chorrito de leche - 1 puñado de copos de cereales - Semillas de sésamo, a gusto - Hierbas aromáticas picadas, a gusto - Aceite, cantidad necesaria - Sal.

Preparación

Quitarle toda la grasa a las milanesas, en el caso de que sean de carne. Si son de pollo recomiendo comprar 1 kg de pechugas de pollo y, con un cuchillo filoso, cortar milanesas no muy gruesas.

En un bol mezclar los huevos, un chorrito de leche, sal y las hierbas.

Unir la preparación líquida con la carne. Dejar reposar un instante mientras se pica un puñado de copos de cereal que se mezclarán con el rebozador. Agregar también las semillas de sésamo.

Rebozar las milanesas, colocarlas en una fuente con un chorrito de aceite y llevar al horno durante 20 minutos, a temperatura media.

Los cereales y semillas le darán un toque crocante a las milanesas.

Pastel de papa

Ingredientes

½ kg de carne magra (puede ser rosbif) - 2 cebollas medianas - 1 morrón - 2 huevos duros - 50 g de aceitunas sin carozo - 1 pizca de comino - 1 pizca de pimentón - 1 pizca de nuez moscada - 1 kg de papas - Leche o crema de leche, a gusto - 200 g de queso cremoso - Aceite, cantidad necesaria - Sal y pimienta.

Preparación

Antes de iniciar la preparación del relleno, lo mejor es hacer el puré de papas para ya tener ese paso listo. Debe quedar cremoso cremoso (agregar un poco de leche o de crema) y bien condimentado con sal, pimienta y nuez moscada.

Una vez que tenemos encaminado el puré de papas, nos embarcamos en la cocción del relleno. Cortamos la carne en pequeños cubitos (para esto usaremos un cuchillo bien afilado), picamos la cebolla y el morrón, y rehogamos todo en una olla con un chorrito de aceite, mezclamos con cuchara de madera de tal forma que se doren parejo, y condimentamos con sal, pimienta y una pizca de comino. Una vez que la cebolla esté transparente apagamos el fuego. Esperamos que se enfríe la preparación y le agregamos los huevos y las aceitunas picados no muy chiquito.

En una fuente preferentemente de vidrio, cubrimos la base con la mitad del puré, luego esparcimos la preparación de la carne y, por último, cubrimos toda la superficie con el resto del puré. Colocamos encima el queso fresco y llevamos al horno para gratinar.

El secreto para que nos quede un pastel sabroso es no secar la carne durante la cocción con la cebolla y el morrón.

Tartas

Ingredientes

Para la masa: 200 g de premezcla - 1 cucharadita de polvo de hornear - 1 huevo - Sal - 4 cucharadas de aceite -4 cucharadas de agua fría. **Para el relleno de choclo:** 2 choclos desgranados - 1 cebolla cortada en juliana- 1 una cucharada de premezcla - Sal y pimienta - Leche, cantidad necesaria.

Preparación

Tamizamos la premezcla con el polvo de hornear y una pizca de sal, la colocamos en un bol y la unimos al agua, el aceite y el huevo. Lograremos una masa de consistencia pegajosa que dejaremos reposar unos minutos, al volver a tomarla con las manos ya no debe pegarse tanto.

La llevamos a la mesada previamente enharinada y estiramos con palo de amasar. Finalmente, la colocamos en una tartera hidratada con un poco de aceite. Le agregamos el relleno elegido y la cocinamos en un horno a temperatura media. Al observarla dorada, retirarla.

Para el relleno de choclo, hervimos éstos y luego los desgranamos. En una sartén salteamos la cebolla con una gotita de aceite. Una vez que está transparente, le añadimos la premezcla, revolviendo con cuchara de madera. Vertemos leche, sin dejar de revolver, hasta que logremos una pasta. Iremos agregando más leche y/o premezcla según la cantidad de relleno y apagaremos el fuego. La consistencia no debe ser ni muy líquida ni muy pastosa. Condimentamos con sal y pimienta e incorporamos los granos de choclo. Colocamos el relleno en la tartera y cocinamos en un horno a temperatura media hasta que se dore la superficie.

Para el relleno de cebolla y queso, cortamos bien finitas 2 cebollas (si se tiene, utilizar una mandolina) y reservamos. En un bol colocamos 250 g de mozzarella cortada en cubitos, la cebolla, 2 cucharadas generosas de queso crema, 1 huevo batido, perejil picado, sal y pimienta, mezclamos bien todo y colocamos en la tartera. Cocinamos en un horno con temperatura media hasta que se dore la superficie.

Polenta antifrío

Ingredientes

500 g de polenta - 30 g de manteca - Leche, cantidad necesaria - 2 cebollas de verdeo - 200 ml de crema de leche - Hongos frescos, a gusto - 1 diente de ajo - 150 g de queso duro, rallado grueso - Aceite de oliva, cantidad necesaria - Sal y pimienta.

Preparación

Preparamos la polenta siguiendo las indicaciones del envase pero, para esta receta, utilizaremos leche. Una vez que esté preparada, le añadimos la manteca, sal y pimienta.

Mientras tanto, en una sartén salteamos con un chorrito de aceite de oliva la cebolla de verdeo cortada ni muy gruesa ni muy fina, y una vez que la vemos cocida le agregamos los hongos frescos bien limpios y fileteados. En 2 minutos le añadimos la crema de leche y cocinamos otros 2 minutos más. Servimos en los platos la polenta y cubrimos con una porción abundante de salsa, espolvoreando con el queso rallado en hebras a gusto del comensal.

Para que la salsa tenga un gustito especial, se le puede agregar a la cocción una copita de vino blanco, que se debe evaporar antes de incorporar la crema.

Colita de cuadril mechada

Ingredientes

1 colita de cuadril - 2 cebollas - 1 morrón - 50 g de jamón cocido - Tomillo y orégano - 2 dientes de ajo - Sal y pimienta - Escarbadientes - Aceite de oliva, cantidad necesaria.

Preparación

Tomamos la colita de cuadril y le realizamos un corte que nos permita rellenarla (le podemos decir a nuestro carnicero que lo haga). Cortamos en pequeños daditos la cebolla, el morrón y el jamón cocido. Mezclamos y rellenamos la carne, cerrándola con los escarbadientes.

Llevamos la carne al horno, habiéndolo precalentado a temperatura media 5 minutos antes. No olvidar salpimentar y condimentarla con aceite de oliva, orégano, tomillo y el ajo picado. Cocinar en un horno con temperatura media por 50 minutos.

Antes de cocinar en el horno podemos colocar un chorrito de aceite en una sartén y "sellar" la carne de ambos lados. Esto se hace para que quede más sabrosa y jugosa.

Supremas rellenas

Ingredientes

3 pechugas de pollo - 100 g de queso de máquina - 100 g de jamón cocido - Semillas de sésamo, a gusto - Hierbas aromáticas, a gusto - Tomates secos, cantidad necesaria - Aceitunas verdes o negras, a gusto - Mostaza, cantidad necesaria - Sal y pimienta - Aceite de oliva, cantidad necesaria - Escarbadientes.

Preparación

Tomamos las pechugas de pollo y les realizamos un corte no muy grande al costado para poder rellenarlas. Es importante hacerlo con delicadeza, por lo que usaremos un cuchillo bien afilado. Mientras lo hacemos, hidratamos los tomates secos en un pocillo con agua tibia. La cantidad de tomates variará según el gusto, pero aconsejo utilizar pocos ya que tienen un sabor muy pronunciado. Luego, hacemos un rollito con el jamón y el queso, de tal forma que nos quede envuelto este último. El tomate hidratado cortado en tiritas y dos aceitunas cortadas no muy chiquitas.

Con los palitos cerramos lo más prolijamente posible para evitar que se salga el relleno al cocinar las pechugas. Pintamos con mostaza y espolvoreamos con las semillas de sésamo.

En una sartén con tapa, hidratada con un chorrito de aceite de oliva, colocamos las pechugas y las doramos de ambos lados, cuando ya tienen un lindo color las dejamos que se cocinen bien a fuego bajo durante 25 minutos.

Al colocarles el relleno es importante tener en cuenta que el jamón debe envolver al resto de los ingredientes para que éste impida que se escapen.

Hamburguesas

Ingredientes

500 g de carne magra picada - 1 diente de ajo, picado - Perejil picado, a gusto - 1 cebolla picada - 1 huevo - Sal y pimienta.

Preparación

En un bol colocamos la carne y le agregamos la cebolla, el ajo y el perejil picados bien finitos. Por último, salpimentamos y añadimos solo la yema del huevo para que la hamburguesa quede más compacta.

Amasamos bien la carne, de tal forma que los ingredientes se mezclen muy bien.

Podemos envolver la masa con papel film y llevamos a la heladera durante media hora, la idea es que los sabores se concentren.

Hay que cuidar el grosor que les damos a nuestras hamburguesas. Siempre el centro tiene que estar bien cocido, sobre todo si comen los más pequeños.

Pescado crocante

Ingredientes

4 filets de pescado sin espinas - Leche, cantidad necesaria - Copos de cereales, cantidad necesaria - 2 cucharadas de queso crema - Aceite de oliva, cantidad necesaria - Sal y pimienta.

Preparación

Antes de iniciar la preparación, prenderemos el horno a temperatura media.

En una asadera hidratada con aceite de oliva colocamos los filets bien estirados y separados entre sí.

En un bol mezclamos un chorrito de leche con dos cucharadas generosas de queso crema. Vertemos esta mezcla sobre el pescado y colocamos un puñado de copos un poco triturados encima de cada filet.

Llevamos a un horno a temperatura media durante 25 minutos o hasta que observemos que está cocido el pescado, en el caso de que se evapore la mezcla de queso crema y leche, agregar un poco más, la preparación no debe quedar seca.

Llevar a la mesa bien doraditos, ningún comensal se resistirá.

Filet de merluza con papas

Ingredientes

1 kg de filet de merluza sin espinas - 4 papas - 3 tomates maduros - 1 copita de vino blanco - 1 pizca de azúcar - Orégano y perejil, a gusto - Aceite de oliva, cantidad necesaria - Sal y pimienta.

Preparación

Pelamos los tomates y hacemos un puré con ellos. En una sartén hidratada con un chorrito de aceite de oliva colocamos el puré de los tomates, le agregamos el vino, una pizquita de azúcar y salpimentamos. Cocinamos durante 5 minutos.

Enmantecamos una fuente y colocamos los filets y las papas cortadas en rodajas finas. Cubrimos los ingredientes con la salsa, condimentamos con orégano y perejil y llevamos a un horno con fuego medio por unos 25 minutos, hasta que todo esté bien cocido.

En la pescadería siempre debemos preguntar qué pescado recibieron ese día y si sirve para el plato o la cocción que queremos realizar. Muchas veces tienen excelentes opciones precio/calidad.

Guiso de lentejas invernal

Ingredientes

100 g de panceta ahumada - 2 cebollas - 2 zanahorias - 1 morrón - ½ kg de lentejas - 2 chorizos colorados - 1 Papa - Aceite de oliva, cantidad necesaria - Sal y pimienta - Hierbas aromáticas, a gusto.

Preparación

Antes de iniciar la cocción del guiso lavaremos las lentejas en un colador bajo agua fría, luego las ponemos a hervir durante 15 minutos, la idea es que no se terminen de cocinar, ya que la cocción terminará con los otros ingredientes.

Cocinamos la panceta cortada en daditos en una sartén hasta que haya eliminado la grasa. Cortamos la cebolla, el morrón y la zanahoria en cubitos no muy chiquitos. En una olla grande colocamos un chorrito de aceite de oliva, y salteamos las verduras cortadas.

Una vez que estén transparentes, agregamos las lentejas, la panceta, la papa pelada y cortada en cubitos medianos y los chorizos cortados en rodajas no muy finas. Salpimentamos y agregamos las hierbas que nos gusten, puede ser un poco de orégano, tomillo o ciboulette. Por último, añadimos un cucharon del líquido de la cocción de las lentejas, tapamos la olla y dejamos cocinar durante media hora a fuego medio. Debemos controlar que siempre el guiso tenga líquido, en el caso de que sea necesario agregar más durante la cocción. Una vez que el chorizo y la papa se cocinaron y que todos los sabores se hicieron uno, apagamos el fuego, dejamos reposar unos instantes y servimos.

Comer lentejas no es exclusivo de los días fríos, se pueden hacer con menor valor calórico si solo las comemos con cebolla, zanahoria y morrón. La cocción se realizará en apenas 20 minutos y el resultado será muy sabroso y más liviano.

Canelones

Ingredientes

12 panqueques. **Para el relleno:** 500 g de ricota - 2 cebollas - 1 paquete de acelga - 1 pechuga de pollo - Nuez moscada, a gusto - Sal y pimienta - Aceite de oliva, cantidad necesaria. **Para la salsa:** 500 g de puré de tomates - 1 cebolla - 1 morrón - 1 zanahoria - 1 pizca de azúcar - Queso rallado, a gusto.

Preparación

Preparamos 12 panqueques de la misma manera que la indicada en el capítulo de "Desayunos y meriendas".

Cocinamos al vapor la acelga y hervimos la pechuga de pollo.

Picamos y salteamos la cebolla con un chorrito de aceite de oliva. En un bol colocamos la mitad de la cebolla salteada y la mitad de la ricota, escurrimos y cortamos la acelga y mezclamos, condimentando con sal, pimienta y nuez moscada. En otro bol unimos la pechuga cortada bien chiquita, con el resto de la cebolla salteada y la ricota, y salpimentamos. Rellenamos los panqueques con las dos preparaciones, los colocamos en una fuente y los cubrimos con la salsa de tomate preparada, espolvoreamos con un poco de queso rallado y cocinamos en un horno con fuego medio hasta que la superfice esté gratinada.

La salsa para los canelones puede ser sencilla, ya que es un plato delicioso y sustancioso de por sí, así que con una salsa de tomate con cebollita, morrón y zanahoria cortadas chiquitas y condimentadas con un poquito de orégano y una pizquita de azúcar para quitar la acidez del tomate, es más que suficiente. Siempre es bueno tener en el freezer, en pequeños táper, salsas de este tipo. Van muy bien con muchos platos.

Fideos orientales

Ingredientes

500 g de fideos de arroz finitos - 2 cebollas - 1 morrón - 1 zanahoria grande - 1 cebollita de verdeo - 1 zucchini - Salsa de soja sin T.A.C.C., a gusto - 4 champiñones frescos - Aceite de oliva, cantidad necesaria - Sal y pimienta.

Preparación

En una sartén o wok salteamos con aceite de oliva los vegetales, comenzando por los más duros. Éstos deberemos cortarlos en bastoncitos. Condimentamos durante la cocción mientras revolvemos para evitar que se peguen. Una vez que estén blandos, le añadimos la salsa de soja en la cantidad que nos guste, podemos ir probando los sabores. Por último, los champiñones fileteados.

Cocinamos los fideos de arroz y, cuando están listos, los colocamos en la sartén con los vegetales. Unimos bien todo y servimos.

En el caso de no encontrar fácilmente salsa de soja sin T.A.C.C., este plato se puede hacer sin ella y también quedará muy rico. Recordemos que los champiñones no se lavan sino que se limpian muy bien con un trapo seco o apenas húmedo.

Eventos **especiales**

Ser celíaco y participar de un evento especial puede ser un momento complicado, tanto sea el que cocina o el invitado. Hay muchas opciones no tan complejas y muy deliciosas que permiten superar preguntas del tipo: ¿qué como en tal cumpleaños?, o ¿qué cocino para las fiestas?

En esta sección, presentamos opciones vistosas, platos que se pueden compartir y disfrutar, comidas que podemos tomar con las manos. La idea de un encuentro con nuestros seres queridos es vivir un momento de afecto y compañía, estas recetas, dedicadas a aquellos que amamos, serán el puente para lograrlo.

Torta salada

Ingredientes

12 panqueques - 4 hojas de lechuga - 2 tomates - 2 huevos duros - Aceitunas verdes, a gusto - 1 lata de morrones al natural - 150 g de jamón cocido - 150 g de queso de máquina - 1 zanahoria rallada - Mayonesa, cantidad necesaria.

Preparación

Preparamos 12 panqueques de buen tamaño, como se indica en la sección "Desayunos y meriendas". Cortamos la lechuga finita, al igual que los tomates. Lo ideal es, en una mesa despejada, colocar todos los ingredientes que se van a utilizar ya lavados y cortados.

En una fuente, que será la que llevaremos a la mesa, colocamos el primer panqueque, le untamos mayonesa y agregamos la lechuga, luego colocamos otro panqueque tapando el primero, y continuamos con el procedimiento usando todos los ingredientes. Cada piso tendrá uno diferente y siempre untaremos con mayonesa. El último lo decoramos con las aceitunas y pedacitos de morrón bien escurrido.

Si preferimos no utilizar mayonesa, la podemos reemplazar por queso crema, o alivianarla con un chorrito de leche.

Pañuelos salados

Ingredientes

Panqueques, cantidad necesaria - 3 cebollas - 2 berenjenas - 1 choclo - 1 zanahoria - 6 ramos de brócoli - 6 tomates secos - 500 g de chauchas - 250 g de champiñones - 2 zucchinis - 1 pechuga de pollo, deshuesada y sin piel - Aceite de oliva, cantidad necesaria - 1 diente de ajo - Perejil picado, a gusto - Sal y pimienta.

Preparación

Realizamos primero los panqueques, la cantidad variará según el número de comensales.

Luego, doramos las cebollas cortadas en juliana con un chorrito de aceite de oliva, las salpimentamos durante la cocción.

Por otro lado, grillamos en una plancha las berenjenas cortadas en rodajas finas, al igual que los zucchinis. Se deben cocinar de ambos lados, cuando las notemos tiernitas y doradas las retiramos.

Cocinamos al vapor las zanahorias cortadas en bastones, las chauchas y los brócolis.

Los champiñones los salteamos en una sartén con un chorrito de aceite de oliva, retirando del fuego una vez que los observemos tiernos.

Los tomates secos los hidratamos con un poquito de agua tibia y los cortamos en finas tiras.

Hervimos el choclo y lo desgranamos y, finalmente, cortamos la pechuga de pollo en finas tiras y la cocinamos en una plancha, salpimentando.

En diferentes bols colocamos cada uno de los ingredientes y los llevamos a la mesa junto con los panqueques, la idea es que los comensales armen sus "pañuelitos" según sus sabores preferidos. Además, presentaremos otros bols con perejil picado y con aceite de oliva con un diente de ajo aplastado, de tal forma que lo perfume.

Pizzetas

Ingredientes

25 g de levadura - Leche tibia, cantidad necesaria - 500 g de premezcla - 4 cucharadas de aceite - Sal, a gusto - Azúcar, cantidad necesaria - Queso cremoso o mozzarella, cantidad necesaria - Salsa de tomate, cantidad necesaria - Aceitunas, cantidad necesaria.

Preparación

Iniciamos la preparación colocando en un pocillo la levadura con un chorrito de leche tibia y una pizquita de azúcar. Unimos los tres ingredientes y dejamos que se forme espuma.

En un bol grande colocamos la premezcla tamizada formando un volcán, en la parte externa le agregamos un poco de azúcar. En el medio colocamos la levadura ya con consistencia espumosa y las cucharadas de aceite. Unimos los ingredientes y unimos con las manos hasta formar una masa, no nos debe quedar ni muy seca ni muy húmeda. La dejamos levar de 15 a 20 minutos tapada con papel film.

Pasado este tiempo, volvemos a amasar para sacarle el gas a la masa. Formamos bollitos y formamos las pizzetas del tamaño deseado. Las colocamos en una fuente aceitada y dejamos levar 15 minutos más. Por último, agregamos la salsa de tomate y llevamos a un horno con fuego medio, una vez que las observemos apenas cocidas, le añadimos el queso y las aceitunas. Volvemos al horno y retiramos cuando el queso esté bien fundido.

La clave de una rica pizza siempre es el tiempo de levado, para prepararla es ideal hacerlo sin apuro, para poder dedicarle el tiempo necesario a la masa.

Chips de mandioca con guacamole y salsa cheddar

Ingredientes

3 mandiocas - Aceite de oliva, cantidad necesaria. **Para las salsas:** 1 palta - 1 limon - 1 cebolla (puede ser colorada) - 1 tomate - 1 pote de queso cheedar untable - Leche - Sal.

Preparación

Lavamos las mandiocas y las pelamos. Luego cortamos finas láminas, si tenemos una mandolina es ideal. Es muy importante que queden bien finitas.

Para cocinarlas tenemos dos opciones, una es freírlas en una sartén con abundante aceite de oliva, teniendo cuidado de que no se apilen, luego hay que escurrirlas sobre papel absorbente. La otra opción es cocinarlas al horno: cubrimos una fuente con papel aluminio, al que agregamos un chorrito de aceite de oliva. Luego, las colocamos estiradas y las cocinamos por15 minutos.

Ahora pasemos a las salsas con las que las serviremos:

- Guacamole: pisamos la palta hasta obtener un puré, inmediatamente le añadimos el jugo de un limón para evitar que se oxide. Cortamos el tomate en pequeños cubitos, y picamos la cebolla muy chiquitita y añadimos. Mezclamos bien todo y presentamos con los chips de mandioca.

- Salsa cheddar: colocamos el queso cheddar en un jarrito y lo llevamos al fuego al mínimo, agregando un chorrito de leche para alivianar la salsa. Cuando logramos la consistencia deseada, retiramos del fuego y servimos.

Croquetas de arroz

Ingredientes

150 g de arroz - Perejil picado, a gusto - 50 g de queso rallado en hebras - 3 huevos - Aceite, cantidad necesaria - Maicena, cantidad necesaria - Sal.

Preparación

Hervimos el arroz. En un bol batimos los huevos, salamos y añadimos el queso duro rallado en hebras y el perejil picado bien finito. Agregamos el arroz y mezclamos. En el caso de que la preparación quede muy líquida, incorporamos unas cucharadas de maicena hasta que espese.

Calentamos abundante aceite en una sartén, hacemos bolitas con la preparación de arroz y las freímos hasta que doren. Retiramos y escurrimos sobre papel absorbente.

Si queda arroz del día anterior, ¡esta receta es el mejor aliado!

Menú semanal

A continuacion les presento dos planes semanales a modo de ejemplo. Las combinaciones son infinitas, siempre considerando los gustos de nuestros comensales. Es importante aprovechar los momentos libres para organizar las compras y tener siempre a mano los productos básicos para realizar nuestros "caballitos de batalla". No siempre podremos hacer los platos deseados, siempre dependeremos del tiempo y de la rutina diaria, pero darle un espacio a la preparación de una receta puede ser un momento de distensión y disfrute, no se olviden de incluir buena música o la charla de un ser querido. ¡A disfrutar!

	Lunes	**Martes**	**Miércoles**	**Jueves**	**Viernes**	**Sábado**	**Domingo**
Desayunos y meriendas	Bizcochuelo de vainilla	Torta de zanahorias	Torta de maicena	Pan de molde y mermelada	Muffins	Chocototorta	Pionono
Almuerzo	Papas cuña. Milas sabrosas	Filet de merluza con papas	Polenta antifrío	Croquetas naranjas. Pescado crocante	Mix de vegetales	Ensalada de espinaca fresca	Mousse de vegetales. Colita de cuadril mechada
Cena	Tarta	Acelgas con queso y salsa natural. Hamburguesas	Coliflor gratinada Supremas rellenas	Pastel de papa	Tortilla de papa	Hamburguesas. Chips de mandioca	Pañuelitos salados

	Lunes	**Martes**	**Miércoles**	**Jueves**	**Viernes**	**Sábado**	**Domingo**
Desayunos y meriendas	Torta de maicena	Muffins	Pan de molde	Tarta dulce	Bizcochuelo de vainilla	Torta de zanahoria	Panqueques
Almuerzos	Guiso de lentejas	Pastel de papa	Papines a la provenzal. Milas sabrosas	Pescado crocante. Papas cuña	Supremas rellenas Ensalada de espinacas frescas	Acelgas con queso y salsa natural. Colita de cuadril mechada	Canelones
Cena	Pastel vegetariano	Mix de vegetales	Tarta	Polenta antifrío	Fideos orientales	Filet de merluza con papas	Tortilla de papa

Índice